El Reino Sin Fin

Es la revelación que el Padre da acerca de su Hijo Jesús para manifestar todas las cosas que deben suceder pronto...

Escrito por: Paola Ruth Aramayo M.
Ilustrado y diseñado por: Mariana Ferreira

Derechos de autor © 2025 Paola Ruth Aramayo M.
Ilustraciones © 2025 Mariana Ferreira
Todos los derechos reservados.

Ninguna parte de esta publicación puede ser reproducida, almacenada en un sistema de recuperación o transmitida en cualquier forma o por cualquier medio—electrónico, mecánico, fotocopia, grabación u otro—sin el permiso previo por escrito de la autora e ilustradora, excepto en el caso de citas breves en reseñas o referencias académicas.

Este libro es un recurso creativo de enseñanza inspirado en el Libro de Apocalipsis. Aunque no cita directamente las Escrituras, busca transmitir temas bíblicos de una manera atractiva y accesible para los niños.

Todas las ilustraciones y el texto son propiedad intelectual de la autora e ilustradora y no pueden ser utilizados sin su consentimiento por escrito.

ISBN: 978-1-953199-10-2
Impreso en Estados Unidos.

Para más información, visite www.pinpoint.pub

Hola, ¿cómo estás? Mi nombre es Talita.
¿Has escuchado acerca de un Rey que vendrá de un lugar llamado **EL PARAÍSO**, para reinar con justicia sobre la tierra por toda la eternidad? *Lucas 23:43*

El nombre del Rey es **Jesús**. Él vivía en la tierra pero un dragón quiso tomar su lugar, hizo que las personas se alejen y se olviden del Rey Jesús.

Entonces, el Padre del Rey Jesús lo llevó a vivir al PARAÍSO para ser preparado y esperar el tiempo para poder regresar y recuperar su reino.

El Rey Jesús está esperando que las personas vuelvan a pensar en Él, se arrepientan de sus malos caminos y abandonen al dragón.

Así, él regresará y esta vez se quedará en la tierra para gobernar **¡POR SIEMPRE!** Hay mucho más acerca del Rey Jesús.

El Padre del Rey Jesús le dio poderes especiales para vencer al dragón.

Hay **siete cartas** muy importantes que el Rey Jesús nos envía antes de que Él regrese. ¿Quieres leer conmigo?

Hola. **No pierdas el amor en tu corazón**, si lo cuidas te regalaré un árbol muy especial que tiene frutos que nunca se echan a perder, y cuando los comas tendrás **vida eterna.**

Atte. Rey Jesús

#1

¿Cómo estás? Quiero animarte a **vencer el miedo**. Si **eres lleno de amor, no habrá lugar para el temor**. Si vences el miedo te regalaré una **corona de vida.** Será muy preciosa.

Con amor, Rey Jesús

#2

¿Qué tal? Hay algo importante que debes vencer porque te hace mucho daño. Debes vencer a la mentira. **No permitas que el engaño entre a tu corazón**. Si vences la mentira te daré una comida muy especial ¡**Deliciosa!** Y también te daré un nuevo nombre y lo escribiré en una piedra blanca muy hermosa.

#3

Atte. Rey Jesús

Saludos para ti. Quiero recordarte que es muy importante que **venzas los malos pensamientos y también los malos deseos.** Si haces esto, yo te daré mucha autoridad para que **gobiernes las naciones junto a mí.**

Nos veremos pronto,
Rey Jesús

#4

¡Hola! Deseo, con todo mi corazón, que cuides todo lo que haces. Hay algunas cosas que las haces con enojo y eso no está bien. **Todo lo que hagas, hazlo con alegría y con amor.** Si lo haces así, te obsequiaré **una ropa muy hermosa,** así como la mía. Yo tengo un libro de vida donde está escrito tu nombre y no lo borraré.

Abrazos, Rey Jesús

#5

Me alegra tanto enviarte esta carta y que pongas en práctica todos mis consejos. **Recuerda que te protegeré siempre, aun más en tiempos difíciles.** Solamente **no olvides todas las cartas** que te escribí y así podrás **habitar conmigo en la hermosa casa de mi Padre.**

Con cariño, Rey Jesús

#6

Aquí te envío mi última carta: no dejes que el orgullo domine tu corazón. **No trates mal a las personas. Yo soy humilde de corazón,** trata de parecerte a mí. Si tu corazón es manso y humilde, **te sentarás en un trono a mi lado.**

Hasta pronto, Rey Jesús

#7

¡Oh! Que lindas recompensas tienen las cartas! ¡Yo las quiero! ¿Y tú?

Por eso es muy importante **no olvidar las palabras del Rey Jesús y guardarlas en nuestro corazón.**

¿Sabes de dónde nos envió estas cartas el Rey Jesús?
Pues nos las envió desde EL PARAÍSO, y vamos a conocer
todo lo que hay en ese lugar tan interesante.

¡Qué emocionante! Hay un gran trono donde está sentado
el Padre del Rey Jesús. Alrededor del trono hay un arco iris
como esmeralda. También, a su lado, hay cuatro ángeles
con seis alas cada uno.

Hay veinticuatro ancianos con coronas, vestidos de blanco, sentados en tronos y juntamente con los ángeles cantan: SANTO, SANTO, SANTO.

Delante del trono del Padre hay siete lámparas de fuego y un mar de cristal.
¡Que maravilloso! Apocalipsis 4:1-11

Mientras en el EL PARAÍSO hay toda ésta hermosura celestial,
en la tierra el dragón y todo su ejército quiere obligar a las personas
que lo adoren y le obedezcan.

El dragón quiere ser el rey y trae mucho sufrimiento
a todos los que no lo aceptan.

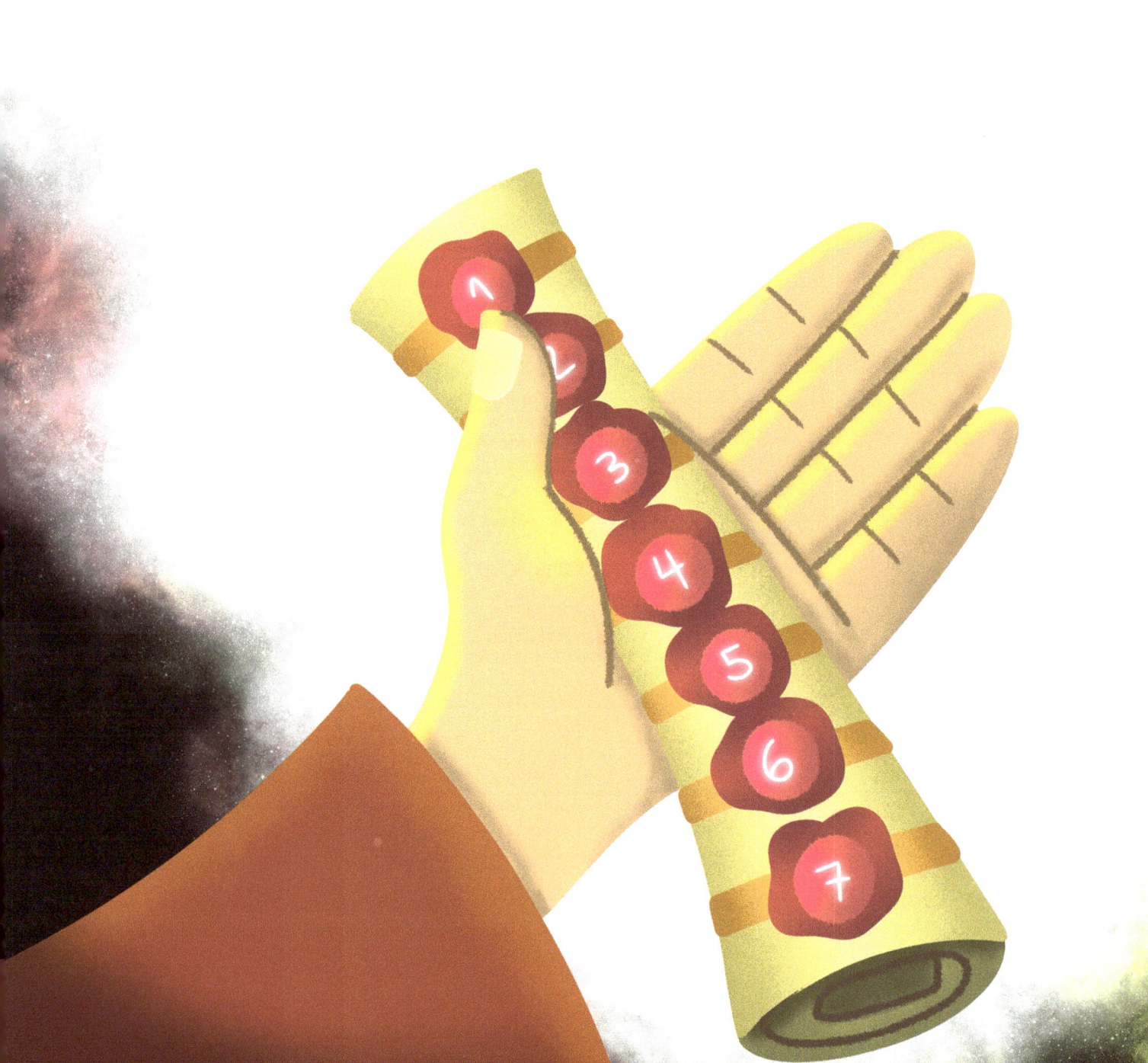

Por eso, el Padre le dijo al Rey Jesús:
Hijo, es tiempo de bajar a la tierra, te daré un rollo
que está cerrado con siete sellos que sólo tú puedes
abrir y hay un **PLAN DE BATALLA** para debilitar
al dragón y todo su reino de tinieblas.
Apocalipsis 6

Entonces, el Rey Jesús tomó en sus manos el rollo y abrió los sellos.
¿Quieres saber qué hay dentro de los sellos?
Vamos a descubrirlo.

Cuando el Rey Jesús abre los **CUATRO PRIMEROS SELLOS**, aparecen **cuatro guerreros con sus caballos de diferentes colores para debilitar al dragón**.

El primer caballo es Blanco, el segundo caballo es color Rojo, el tercer caballo es Negro y el cuarto caballo es amarillo.

Cuando el Rey Jesús abre el **QUINTO SELLO**, ocurre un terremoto en la tierra y el sol se oscurece y la luna se pone de color rojo.

Después, el Rey Jesús abre el **SEXTO SELLO** y su Padre pone un **sello de PROTECCIÓN** sobre todas las personas que leen y guardan en su corazón las palabras escritas en las **siete cartas** del Rey Jesus.

Pero cuando el Rey Jesús abre el **SÉPTIMO SELLO**, aparecen **siete ángeles con siete trompetas**, listos para tocarlas. *Apocalipsis 8*

Así suena la primera, la segunda, luego la tercera, la cuarta, la quinta, la sexta y cuando la **Séptima Trompeta** suena, es la **señal** para que el **Rey Jesús baje a la tierra**.

El Rey Jesús aparece en las nubes y todas las personas que tienen el **SELLO DE PROTECCION del PADRE** empiezan a **volar hacia Él** para reunirse en las nubes.

Entonces sus cuerpos son transformados en las nubes y El Rey Jesús les da superpoderes para bajar a la tierra otra vez y gobernar junto a Él.

Apocalipsis 19:11, 1 Tesalonicenses 4:17

Como parte del plan de batalla que el Padre dió al Rey Jesús, vienen otros **siete ángeles que echan siete copas llenas de castigo contra el dragón** y todo su ejército de maldad.

Entonces el dragón y todo su ejército son metidos en **prisión por mil años** hasta que sea el día del **juicio final**.

Entonces el Rey Jesús llega a su **Ciudad Real llamada BEULA, y desde allí empieza a gobernar** sobre toda la tierra. *Isaías 62:4*

Hay alegría en EL PARAÍSO y en la tierra y todos empiezan a decir: ¡Nuestro Rey Jesús es Poderoso y reina! Salvación, honra, gloria y poder para nuestro Rey Jesús. ¡ALELUYA!

Ahora todo empieza a cambiar. El **Rey Jesús** trae **restauración a toda la tierra**. Los niños vivirán por muchos muchos años! Las personas empiezan a disfrutar de todo el trabajo de sus manos. Los ríos son purificados, ya no están contaminados.

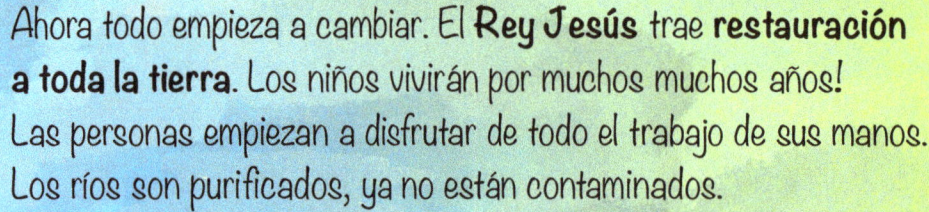

El lobo y el cordero comen juntos.

El león ya no come carne, come pasto como el buey.

La serpiente sólo comerá tierra, ya no morderá. *Isaías 65:17-25*

¡Estoy muy feliz! Hay tanta alegría en mi corazón al ver que ya no hay maldad en la tierra. **El Rey Jesús está preparando toda la tierra para recibir a su Padre que también bajará del PARAÍSO** con todo su Trono Celestial.

Cuando el Padre del Rey Jesús vea que todo en la tierra está preparado y restaurado, entonces sacará al dragón y a todo su ejército de prisión para destruirlos por siempre y desde ese momento ya no habrá más muerte.

Apocalipsis 21

El Padre tendrá **tanto amor y felicidad en su corazón que traerá del PARAÍSO** su casa celestial.
Es tan grande y hermosa. ¡Las puertas son perlas!
Todo el piso es de oro, las paredes llenas de piedras preciosas.

Dentro de la casa hay un JARDÍN, es tan hermoso porque tiene un río limpio cristalino. En medio hay un **árbol muy especial** que produce doce frutos todo el tiempo, las hojas del árbol son medicina. **Ya no habrá más enfermedad, ni dolor, ni tristeza.**

Hay muchas otras cosas maravillosas para conocer dentro del Reino del Rey Jesús y Su Padre.
¿Te gustaría vivir allí?
¡Vamos! ¡Hay lugar para todos!

¿Quieres orar conmigo?

Jesús, quiero que tú seas mi Rey.
Quiero que tú vengas a reinar y restaures toda la tierra.
Limpia mis manos y mi corazón de cualquier mal
para que yo pueda reinar contigo.

Gracias por amarme y protegerme.
Gracias porque tú quieres cambiar mi tristeza en alegría,
ayúdame a guardar y obedecer tus palabras.

AMÉN.

AGRADECIMIENTOS

Agradezco en primer lugar a Dios, a Su Espíritu Santo y a Mi Rey Jesús y Salvador por poner en mí el querer y el hacer de este libro.

Agradecida a mi amado esposo Curtis por todo el apoyo que me ha brindado y disfrutar conmigo cada página. Por impulsarme siempre hacia delante para lograr que este libro sea hecho realidad.

Agradecida a MiSion CEM Argentina que tiene un lugar muy especial en mi corazón y cada maestro por ayudarme a entender el Plan de Dios para los Últimos Tiempos.

Agradecida a mi amiga y hermana en Cristo, Mariana Ferreira, por dar forma y color a las ilustraciones que el Señor me mostraba en sueños y visiones.

Contacto de la autora